RUNAS

Guía de adivinación y lectura de runas para principiantes

Taylor Turner

CONTENTS

Introducción   1

Capítulo 1: ¿Qué son las runas?   2

Capítulo 2: Historia de las runas   6

Capítulo 3: El uso de las runas   12

Capítulo 4: Cómo hacer tus propias runas   17

Capítulo 5: Elder Futhark   30

Capítulo 6: Magia Rúnica   58

Capítulo 7: Adivinación y lectura de runas   65

Palabras finales   74

INTRODUCCIÓN

Las runas tienen una rica historia de misticismo que se entrelaza y no puede separarse de sus orígenes en la mitología nórdica. Ni siquiera los dioses comprendían el significado de los símbolos cuando se enfrentaron por primera vez a su uso, y se esforzaron mucho por aprender los misterios que encerraban estas formas.

Estos símbolos encierran más significado que una simple forma que representa un sonido por escrito y pueden tener una fuerte magia cuando se utilizan para el lanzamiento de hechizos y la adivinación. En los siguientes capítulos exploraremos los significados más profundos de las runas. Pronto descubrirás cómo están conectadas con las deidades nórdicas y cuáles son sus mayores asociaciones con la naturaleza.

También aprenderás a fabricar un juego de runas de fundición y descubrirás distintas formas de utilizarlas para crear amuletos, hechizos de protección y adivinación. Tanto si utilizas las runas en rituales ceremoniales como parte de una práctica religiosa pagana nórdica, como si eres un estudiante de historia que quiere aprender sobre el impacto cultural de las tribus germánicas o simplemente te centras en los aspectos mágicos y adivinatorios, esta guía te explicará todo lo que necesitas saber. ¡Vamos a sumergirnos!

CAPÍTULO I: ¿QUÉ SON LAS RUNAS?

Las runas son un alfabeto tribal germánico precristiano y una simbología pagana nórdica. Las runas se utilizaban tanto para la comunicación escrita (aunque de forma limitada) como para el lanzamiento de conjuros.

El término "runa" tiene múltiples significados:

La runa identifica el tipo específico de alfabeto escrito que crean las formas. Al igual que el cirílico y el latín identifican los tipos de formas de letras que contienen sus respectivos alfabetos.

Runa significa un símbolo con una connotación misteriosa o mágica.

Runa se refiere a pequeñas piezas inscritas o marcadas con dichos símbolos.

La palabra evolucionó a partir del nórdico antiguo *run*. La variante, rune, utilizada en inglés moderno no ha cambiado mucho respecto a la forma en inglés antiguo. Las formas de la palabra en alemán antiguo, danés, celta e incluso galés han sido todas muy parecidas a *run* o *runa*. Y todas han tenido significados similares de signos secretos, misteriosos y mágicos.

El aspecto polifacético del término refleja simplemente el significado multinivel de cada símbolo. En un nivel, los símbolos son simplemente formas utilizadas para transmitir un fragmento de lenguaje, una representación visual del sonido. En otro nivel, cada símbolo está relacionado con un dios concreto del panteón nórdico y con la naturaleza. En otro nivel, cada símbolo encierra una intención mágica más profunda.

Influir en el destino

Las runas siempre han estado vinculadas al destino y se han considerado una forma de redirigirlo o influir en él.

En la mitología nórdica, el Árbol del Mundo, Yggdrasil, era cuidado por tres doncellas gigantes llamadas las Nornas. Eran Urd, Verdandi y Skuld, nombres que significan *"destino"*, *"llegar a ser"* y *"futuro"*. Las Norns vivían a orillas del Pozo de Wyrd, o destino, y se asemejan a las hadas de otras mitologías en que eran tres, se las representa con frecuencia como cada una de una edad diferente: joven, adulta y anciana; y tejían hilos que influían en el futuro de una persona.

Se las respetaba mucho y se las relacionaba con el embarazo y el nacimiento. Las Norns estaban presentes en todos los nacimientos, donde determinaban el destino del niño y medían su hilo de vida. Como ritual para honrar a las Norns, en la primera comida después del parto, las mujeres tomaban una papilla especial preparada para ellas.

Cada mañana, las Norns recogían tierra húmeda y arcilla de los bordes del pozo y recubrían las raíces y la corteza de Yggdrasil para curar al árbol de cualquier daño y evitar que empezara a pudrirse. También tallaban símbolos en la arcilla y la corteza del árbol como signos de protección y salud, y para dirigir el destino del árbol y de todos los seres que vivían en los Nueve Reinos. Estos símbolos eran las runas.

Las runas eran un lenguaje tallado en el que los mensajes se inscribían en superficies, en lugar de escribirse con tinta sobre pergamino. Las formas angulosas y afiladas reflejan esta naturaleza tallada, con líneas que recuerdan a las de un cincel. Las runas se tallaban en madera, piedra, metal y hueso. Si hubo runas escritas en nórdico antiguo (tinta sobre pergamino u otra superficie), no sobrevivieron o aún no se han descubierto. Los primeros ejemplos históricos de runas escritas sobre pergamino datan del siglo IX, y no volvieron a aparecer hasta el siglo XIII, cuando surgió el interés por documentar la poesía de la Era Vikinga.

Nuestro conocimiento del significado de cada runa procede de los Poemas Rúnicos que se escribieron durante la Edad Media. La *Edda Poética*, una extensa fuente de mitología nórdica y vikinga procedente de Islandia, también se documentó durante esta época. Es importante señalar que estos poemas proceden probablemente de una larga tradición oral y que se desconoce su edad y época de origen. También se desconoce el propósito exacto de estos poemas, pero lo más probable es que fueran dispositivos mnemotécnicos para aprender los Futharks.

La cosmovisión germánica incluía la idea de que expresar un pensamiento lo convertía en parte de la realidad. Se podía influir en el resultado de los acontecimientos expresando las intenciones y los resultados deseados. Esencialmente, las palabras creaban la realidad.

La escritura fija un pensamiento o (el concepto de) un sonido en un lugar para que otros puedan presenciarlo sin estar en el mismo sitio ni al mismo tiempo que la persona que habla. Si las palabras crean la realidad y la escritura fija esa realidad en un lugar, la escritura es intrínsecamente mágica. Así, por su naturaleza, las runas son intrínsecamente mágicas.

Futharks

Las runas se agrupan en conjuntos llamados Futharks. Al igual que el término alfabeto se deriva de las dos primeras letras del alfabeto griego, *alfa* y *beta,* el término Futhark se crea a partir de las seis primeras letras rúnicas, *feoh, ur, thorn, ansur, rad* y *ken.*

El Elder Futhark se utilizó con pocas variaciones de forma durante aproximadamente 300 años. Hay veinticuatro formas rúnicas en el Elder Futhark. (El Futhark anglosajón apareció en las Islas Británicas y es probable que llegara a través de Frisia. El Futhark anglosajón añadió formas. Además de las veinticuatro runas originales, con el tiempo se añadieron nueve runas más, hasta llegar a un Futhark de treinta y tres símbolos.

El Futhark Joven, que se desarrolló en los países escandinavos, fue popular durante la Era Vikinga (800-1200 a.C.) y tiene menos formas rúnicas. Con sólo dieciséis símbolos, pero más variaciones por símbolo, muchas de las runas individuales representan más de un sonido. La era vikinga trajo consigo un comercio generalizado y una mayor alfabetización. El Younger Futhark, utilizado durante esta época en Suecia, Noruega, Dinamarca e Islandia, pasó a conocerse como el alfabeto de los nórdicos.

La traducción de los grabados rúnicos puede resultar complicada, ya que no parecía haber reglas de composición establecidas. Las runas podían estar escritas de izquierda a derecha o de derecha a izquierda, ¡a veces incluso en el mismo grabado! Las runas también han aparecido escritas en forma de espejo, pero nunca al revés. Las runas no tienen mayúsculas ni minúsculas para ayudar a distinguir el comienzo de las palabras o frases, y no existían convenciones sobre los espacios entre palabras o frases. A veces, las runas se combinaban para formar ligaduras. Algunos tallistas incluían un punto o incluso una serie de puntos apilados entre las palabras, pero esta práctica no era constante en todas las regiones que utilizaban runas.

CAPÍTULO 2: HISTORIA DE LAS RUNAS

Odín descubre el significado de las runas

A Odín, el Todopoderoso, se le atribuye el descubrimiento de los secretos de las runas y la transmisión de estos conocimientos a la humanidad. En la mitología nórdica, las runas siempre habían existido, pero los dioses no las comprendían. Su significado era misterioso y se sabía que tenían poderes mágicos.

El *Rúnatal*, un pasaje del poema en nórdico antiguo *Hávamál* (siglo XIII d.C., muy probablemente procedente de una tradición oral anterior a la Era Vikinga), es la historia de cómo Odín aprendió los secretos de las runas.

El panteón nórdico cuenta con dos tribus de dioses, los Aesir y los Vanir. Odín era el soberano de los dioses Aesir y se le consideraba uno de los dioses principales del panteón nórdico. Era el dios de la guerra, la poesía y la muerte. Favorecía a aquellos que demostraban inteligencia, creatividad y competencia, y era la deidad protectora tanto de los forajidos como de los gobernantes. No le interesaban la justicia ni las convenciones, y prefería la magia y la astucia. Como dios de la guerra, no le interesaba el propósito glorioso de una batalla, sino el caos de la lucha. Los berserkers -guerreros que entraban en un estado de locura y furia animal durante la batalla- eran considerados hombres de Odín.

Odín era conocido por ausentarse durante mucho tiempo de Asgard en busca de sus propios intereses. Estaba obsesionado con adquirir conocimiento, sabiduría y poder mágico.

Los dioses de Asgard se reunían en consejo en torno al Pozo de Wyrd, en la base de Yggdrasil. Mimir -que no era un dios, sino un gigante o un ser del tiempo- era el consejero de los dioses y vivía en el Pozo de Wyrd. Se decía que el agua del pozo contenía conocimientos cósmicos que serían impartidos a cualquiera que bebiera de ella. Odín se arrancó y sacrificó su propio ojo a cambio de la oportunidad de beber del pozo de Mimir, demostrando así su obsesión por adquirir conocimientos.

Como deidad, Odín está lleno de contradicciones. Le siguen aquellos que buscan dignidad y nobleza, pero era egoísta y tramposo. No sólo era el padre de todos los dioses, sino que se le consideraba la fuerza divina de la vida.

En el centro del universo nórdico se encuentra el Árbol del Mundo, Yggdrasil. La *Edda Poética* identifica a Yggdrasil como un poderoso fresno, más alto que las nubes, nevado como las montañas y con feroces vientos azotando sus altas ramas. Entre sus ramas y raíces se encuentran los Nueve Reinos de los dioses, los hombres y otros seres. Asgard, el hogar de los dioses Aesir, estaba en lo alto de las ramas. Las raíces de Yggdrasil atravesaban Midgard, el reino de los hombres, Jotunheim, el reino de los gigantes, y se adentraban en el inframundo.

Sus raíces y ramas albergaban bestias y seres mágicos. Nidhogg, un dragón, vivía entre las raíces con varias serpientes. Ratatosk, una ardilla, corría arriba y abajo del tronco, y dentro y alrededor de las ramas. Cuatro ciervos, Dainn, Dvalinn, Duneyrr y Durathror, vivían entre las ramas. Y un águila sobrevolaba el árbol y se posaba en la más alta de las ramas. Incluso una cabra, llamada Heidrun, vivía entre ellas. Todas estas criaturas se alimentaban de las hojas y la corteza de Yggdrasil.

Las Norns, tres doncellas que vivían entre las raíces y alrededor del Pozo de Wyrd, cuidaban de Yggdrasil. Recubrían la corteza con arcilla e inscribían símbolos para protegerlo y mantenerlo sano y fuerte, preservando el árbol en el centro de su universo. Estas marcas también determinaban el destino de quienes vivían en los Nueve Reinos.

Cuando Odín vio las marcas que las Norns hicieron en Yggdrasil, quiso saber su significado. Las marcas que las Norns hicieron eran las runas. El significado de las runas sólo sería revelado a aquellos que demostraran ser dignos. Odín decidió que necesitaba conocer los misteriosos significados de estos símbolos e incluso estaba dispuesto a morir por esta información. Ya había demostrado que estaba dispuesto a sacrificar mucho en su búsqueda de la sabiduría, habiendo dado anteriormente un ojo.

Se sacrificó al árbol colgándose de las ramas y atravesándose con su lanza. Prohibió toda ayuda de otros dioses y no tomó agua. Durante nueve días, permaneció colgado mirando fijamente las profundidades del pozo. Hacia el final de su calvario, y al borde de la verdadera muerte, se le revelaron las formas y los significados más profundos de las runas.

Se dice que con el conocimiento de las runas Odín pudo utilizar su magia para crear poesía, curar a los heridos y enfermos, inutilizar las armas de los enemigos, seducir a una amante, proteger y muchas otras poderosas hazañas.

Orígenes históricos

Hoy en día existen muchas teorías sobre los orígenes del desarrollo y la aparición de la forma escrita rúnica. Algunas sitúan los orígenes de las runas muy atrás en el tiempo e implican una conexión con civilizaciones antiguas. Las teorías más aceptadas giran en torno a una mezcla de símbolos germánicos primitivos con formas itálicas antiguas procedentes de civilizaciones mediterráneas.

Las runas siempre han estado estrechamente relacionadas con el dios nórdico Odín. Esta relación podría deberse a que Odín era la deidad patrona de los guerreros de las tribus germánicas. Estos grupos militares de combate habrían sido los que se encontraron con grupos de países del sur del Mediterráneo. Como tales, estos guerreros tribales habrían sido los primeros europeos del norte en conocer los estilos de escritura griego e itálico antiguo.

Las escrituras de la Antigüedad podrían haber influido fácilmente en el desarrollo de las runas, sobre todo porque tenían formas similares. Entre ellas se encuentran el fenicio, el griego occidental, el etrusco y otras lenguas itálicas, incluido el latín antiguo.

La posible primera prueba de la existencia de las runas se remonta al año 50 de la era cristiana, con una inscripción en un broche; sin embargo, la inscripción no está clara y también podría ser romana. Las inscripciones rúnicas confirmadas no aparecen hasta dentro de otros cien años, a mediados del siglo II. La primera inscripción rúnica fechable aparece en el peine Vimose de Dinamarca. La primera aparición conocida del Elder Futhark completo en orden data aproximadamente del año 400 de nuestra era, en la piedra rúnica de Kylver, en Suecia. Se conservan menos de 400 ejemplos conocidos del Elder Futhark en uso.

¿Hubo ejemplos anteriores de runas? Es posible. Si las runas se tallaban en materiales orgánicos como madera o hueso, el deterioro de esos materiales deja a los historiadores sin muestras fechables.

Cronología

A continuación se ofrece una cronología aproximada de la aparición y el uso de las runas. Todas las fechas son aproximadas y de la Era Común-CE.

Primera Edad del Hierro germánica *(antes del 350)*

50- Broche de Meldorf, posible primera aparición de runas - podrían ser latinas

160- 800 Elder Futhark

160- Peine Vimose

400- Piedra Kylver- piedra rúnica con todo el Elder Futhark tallado en orden

Periodo de migración *(circa 350 a circa 550)*

400-1000 Uso del futhark anglosajón en las Islas Británicas

Época Vendel/Edad Merovingia *(circa 550 a circa 800)*

De mediados a finales del 700 llegan los misioneros cristianos a Escandinavia

Época vikinga *(circa 800 a 1066)*

800- Uso del futhark más joven en Escandinavia

mediados del 800 *Abecedarium Nordmannicum* enumera nombres de runas (no está claro si se trata de un Poema Rúnico)

900- *El Codex Vindobonensis 795* incluye un poema rúnico anglosajón

976- Harald Bluetooth levanta la Piedra de Jelling, y las piedras rúnicas se ponen de moda

1017- las runas prohibidas en Inglaterra

1066- Fin de la era vikinga con la conversión al cristianismo de Olof Skötkonung, el último rey escandinavo.

Medieval/ Edad Media y posterior

1200s- Poema rúnico noruego

1270- Manuscrito del *Codex Regius* de la *Edda Poética*, incluido *Hávamál*

1400- Poemas rúnicos islandeses

1600- la Iglesia prohíbe el uso de las runas

CAPÍTULO 3: EL USO DE LAS RUNAS

Los usos de las runas son muy variados: desde narrar hazañas e identificar propiedades hasta infundir poderes mágicos a las armas y crear talismanes protectores. Su uso como lenguaje escrito abarcaba tanto lo mundano como lo mágico.

Los primeros usos de las runas eran simplemente nombres en objetos, ya fuera para identificar al propietario o al fabricante del objeto. Las runas utilizadas para enviar mensajes se tallaban en largos palos, llamados pentagramas. Mientras que en los relatos se decía que los pentagramas se utilizaban para lanzar runas, y las reliquias conservadas así lo corroboran, otros parecían usarse para aprender, con el Futhark Joven enumerado por orden, mientras que algunos llevaban mensajes como OVNIS, oraciones y notas de amor (un tanto salaces).

Las runas han aparecido en monedas y objetos personales como peines y joyas, incluidos broches, anillos y cinturones. También se han utilizado en cajas y armas. También se han encontrado talladas en madera, hueso de ballena, astas y piedra.

Piedras rúnicas

Los ejemplos más grandes y posiblemente más conocidos del uso de las runas son las piedras rúnicas. Se trata de rocas de varias toneladas talladas con runas y adornos. La tradición de las piedras conmemorativas aparece en el poema *Há-vamál*, que cuenta la historia de cómo Odín aprendió el significado de las runas.

Las piedras rúnicas aparecieron ya en el siglo IV, pero no ganaron popularidad hasta mediados del siglo X, cuando el rey danés Harald Bluetooth levantó la Piedra de Jelling en conmemoración de sus padres. La mayoría de las piedras rúnicas se tallaron entre mediados del siglo IX y el final de la Era Vikinga.

Hay más de tres mil piedras rúnicas, la gran mayoría en Suecia. Hay 250 en Dinamarca, cincuenta en Noruega y ninguna en Islandia. Sin embargo, las piedras rúnicas aparecieron tan lejos como viajaban las tribus germánicas y se han identificado cerca del Mar Negro, al este, y en la Isla de Man, al oeste.

Estas piedras conmemorativas estaban pensadas para ser vistas. Tenían tallas en varios lados y a menudo incluían elementos decorativos de bestias y personas. Las tallas se pintaban con colores brillantes y se colocaban en lugares accesibles, como vías fluviales, intersecciones y puentes.

Las piedras rúnicas se erigían para conmemorar los grandes logros de las personas. Las erigían las familias ricas, normalmente los cónyuges e hijos supervivientes, para honrar a sus maridos, padres, esposas o miembros notables de sus tribus. A menudo eran para los muertos, pero no eran lápidas. Las piedras rúnicas no se limitaban a los muertos, y los vivos también levantaban una piedra para presumir de sus hazañas.

Las inscripciones seguían un patrón establecido. Primero se nombraba a quien había encargado la piedra. A continuación, se indicaba a quién honraba la lápida, sus hazañas y logros, y por qué se les conmemoraba. A menudo, esta sección se componía en verso. A veces se incluía una oración o un pasaje místico para llevar a los muertos al otro mundo, o ambas cosas. Por último, se incluía el nombre del maestro de ceremonias. A medida que crecía la influencia del cristianismo en la Era Vikinga, las lápidas también incluían oraciones cristianas.

Aunque la práctica de las piedras rúnicas terminó con la Era Vikinga, continuaron las inscripciones rúnicas en objetos más pequeños. Las prácticas cristianas durante la Era Vikinga, y después, no desalentaron la inclusión de runas junto a escritos en latín en objetos simbólicos como cruces y ataúdes. Se especula que esto se hizo desde una de dos perspectivas. La primera, como un intento de facilitar a los paganos nórdicos la acogida del cristianismo. La segunda, como un intento de los paganos nórdicos de indicar que estaban familiarizados con los principios cristianos y los incluían con la esperanza de que la Iglesia les dejara en paz. La combinación de runas con inscripciones en latín continuó hasta que la Iglesia prohibió esta práctica en el siglo XVII.

Prácticas mágicas

Hay varias prácticas mágicas que utilizan las runas. La adivinación, o lectura de las runas, era una de las formas en que una persona podía interrogar y descubrir las intenciones de su destino. Para este tipo de lectura se utilizaban bastones, huesos o pequeñas piedras inscritas con el Futhark.

Las runas también se utilizaban para hechizos. Se utilizaban para encantamientos de salud y protección, entre otros fines. Las inscripciones de hechizos combinaban las runas para obtener resultados e intenciones específicas. Estas inscripciones se grababan en un talismán o en otros objetos. Los guerreros hacían inscripciones en sus armas para obtener fuerza y destreza en el campo de batalla, o para que el arma diera una muerte rápida a sus enemigos. Ponían nombre a sus espadas y lanzas y lo grababan en el arma, dotándola de poder.

El hechizo, los amuletos y los usos adivinatorios de las runas se explorarán más adelante en este libro.

Aunque las runas se utilizaban con fines mágicos como parte de un conjuro o para adivinar el futuro, también se consideraban mágicas en sí mismas.

Advertencia

Nunca se debe jugar con las prácticas mágicas con runas. Incluso los poemas nórdicos antiguos advierten del peligro de trabajar con runas si no se conoce bien su significado: *Que ningún hombre esculpa runas para lanzar un hechizo, a menos que primero aprenda a leerlas bien.*

Durante la Era Vikinga, tanto los hombres como las mujeres de las familias más ricas sabían leer y escribir runas. Sin embargo, cuando necesitaban el trabajo de esculpir runas - runas específicas para fines mágicos - contrataban a un maestro rúnico. Los maestros rúnicos no sólo tallaban ejemplos más complejos de trabajo con runas, como las piedras rúnicas, sino que también estaban bien instruidos en los significados más profundos de las runas para poder aplicar correctamente sus propiedades mágicas.

Recuerda, las runas están vinculadas a Odín, y él puso sus significados a disposición de los humanos. Es un dios de los aspectos caóticos de la guerra, es astuto y está vinculado a las cosas oscuras y peligrosas. Las runas lanzadas incorrectamente, incluso con las mejores intenciones, pueden ser peligrosas y causar daño a los desprevenidos.

Un pasaje de *la Edda Poética* habla de un maestro de runas que, en sus viajes, se encuentra con un hombre que tiene una hija gravemente enferma. El maestro de runas descubre que ella tiene un talismán rúnico tallado en hueso de ballena que ha sido mal ejecutado. Es posible que la persona que hizo el talismán tuviera la intención de que fuera para la buena suerte o la buena salud, pero no entendió bien lo que estaba haciendo. El resultado fue que el talismán enfermó a la joven. La joven se recuperó al instante en cuanto el maestro de runas destruyó las runas maliciosas y le proporcionó una tirada de runas creada correctamente.

Esta advertencia no debe tomarse a la ligera. Esta guía sólo ofrece una introducción al uso de las runas. Las runas forman parte de una recuperación activa del patrimonio cultural. Acércate a ellas con el cuidado que tendrías al aprender sobre cualquier cultura ajena a la tuya. Se recomienda que antes de dedicarse plenamente al lanzamiento de runas continúe y amplíe su estudio del trasfondo cultural y religioso de las prácticas paganas nórdicas y germánicas.

Utilizar con respeto

Los símbolos del Elder Futhark han sido tomados y utilizados por grupos políticos en los siglos XX y XXI. Esos grupos quieren alinearse con el poder intrínseco del símbolo y ser vistos como poseedores de esa misma energía. Cuando las formas rúnicas se utilizan como un símbolo que no tiene nada que ver con su intención original, el significado puede verse empañado. Esta asociación incorrecta y a menudo negativa/perjudicial puede poner en peligro a quienes utilizan los símbolos en sus prácticas religiosas.

CAPÍTULO 4: CÓMO HACER TUS PROPIAS RUNAS

Los conjuntos de runas pueden adquirirse de muchas fuentes. Las tiendas New Age y los practicantes en línea ofrecen muchas opciones de conjuntos hechos a mano. Incluso están disponibles de fuentes producidas en masa. Sin embargo, las runas más fuertes que leerán verdad para usted son las que usted mismo ha hecho. Las runas son un objeto muy personal y, al igual que las cartas del tarot, no querrás que otra persona las toque o "juegue" con ellas.

Si eliges comprar un juego, querrás limpiarlas y personalizarlas antes de usarlas. La limpieza de las runas se tratará más adelante en este capítulo.

Definiciones: En este capítulo exploraremos la creación de conjuntos de runas. (Las piedras rúnicas, que no deben confundirse con las piedras rúnicas, las enormes rocas exentas, se refieren normalmente a conjuntos tallados en piedra, grabados o pintados en cerámica o cristal. El nombre pentagrama rúnico se utiliza normalmente para los conjuntos tallados en madera. Para simplificar, en este capítulo nos referiremos a ambos como "conjuntos" *o simplemente como* "runas", *siguiendo la definición que se refiere a pequeñas piezas inscritas o marcadas con dichos símbolos.*

A la hora de crear tu propio juego de runas para el lanzamiento y la adivinación, es importante que primero te familiarices con las formas de las runas y practiques su creación. Empieza practicando con papel y lápiz. Traza las formas de cada figura.

Las líneas deben ser rectas y espaciadas por igual. Puedes empezar practicando en papel cuadriculado. Las líneas te ayudarán a mantener las formas rectas y uniformes.

Es posible que hayas visto ejemplos de runas con líneas curvas, como una Feoh con dos ramas que se curvan hacia arriba a la derecha en lugar de como líneas rectas que se inclinan hacia arriba a la derecha. Las runas con líneas curvas provienen de los Futharks anglosajones o más jóvenes y evolucionaron hasta tener ramas curvas estilizadas porque finalmente se escribieron. Para escribir runas, hay que acercarse lo más posible a las formas originales utilizadas por los Norns, por lo que es importante mantener el estilo de líneas rectas del Elder Futhark.

Si no dispones de papel cuadriculado, puede resultarte útil utilizar una regla como guía para el borde recto y para asegurarte de que las longitudes de las líneas son uniformes. También puedes marcar tus propias guías de longitud a lo largo del borde de una segunda hoja de papel, en lugar de utilizar una regla.

Cuando hayas terminado de practicar durante esa sesión, borra o marca todas las formas de práctica y quema el papel. No garabatees runas en los bordes de los papeles ni en formularios que debas conservar, ni en nada que vayas a entregar a otras personas.

Recuerda que las propias runas son intrínsecamente mágicas, y una runa creada incorrectamente podría causar daños.

Cuando te sientas más seguro con las formas rúnicas, deberás volver a practicar con los materiales con los que vayas a crear tu conjunto. Las herramientas para tallar, quemar madera e incluso dibujar en arcilla requieren un control muscular diferente al del papel y el lápiz, por lo que la práctica es crucial. Estas primeras runas de práctica deben destruirse, y no dejarse. Dependiendo de los materiales que hayas elegido para crear tus runas, tendrás que raspar/borrar y quemar tu trabajo de práctica, o limpiar y desinfectar la superficie.

Materiales

Las runas funcionan mejor cuando están hechas de materiales naturales: madera, arcilla o piedras. También se pueden utilizar otros materiales, pero hay que proceder con cautela. Los metales retienen energía negativa que puede ser difícil de limpiar. Los materiales sintéticos no retienen la magia tan bien, y la naturaleza manufacturada inherente al material podría contaminar las runas.

Advertencia sobre las piedras: esto incluye piedras semipreciosas y cristales. Los materiales de la tierra pueden contener una fuerte magia terrestre. Los cristales tienen sus propias energías mágicas, por lo que debes asegurarte de que sus propiedades coinciden con las de la runa que vas a utilizar en ellos. Además, algunos cristales y piedras semipreciosas se extraen de la tierra. Si decides utilizarlas, asegúrate de que los materiales que emplees procedan de fuentes éticas.

Las piedras de río son una buena elección porque se han limpiado en agua corriente natural. El cristal también se considera una piedra de tierra, ya que está hecho de arena. Al ser transparente y carecer de estructura interna como los cristales, acepta fácilmente las cargas mágicas que se le aplican.

Los mejores materiales son los que reflejan la naturaleza original de las runas: la madera y la arcilla. Los Norns tallaron runas en el Árbol del Mundo, el poderoso fresno, que a veces también se cree que es un tejo. Y recubrieron el tronco y las raíces del Árbol del Mundo con arcilla.

Se puede utilizar cualquier madera. El fresno y el tejo son las mejores opciones, ya que reflejan el Árbol del Mundo, y el olmo (el primer hombre y la primera mujer fueron tallados en fresno y olmo) serían las maderas que resuenan con la mayor energía rúnica. Las ramas que cortes tú mismo serán una mejor elección que la madera que se haya cortado previamente de otra fuente.

Las piedras rúnicas de arcilla también pueden contener una magia rúnica elevada. Sin embargo, trabajar con arcilla plantea el problema de que no todo el mundo tiene acceso a un horno para el proceso de cocción a alta temperatura.

El *Hávamál* describe el proceso de cortar, tallar, rayar y manchar las runas. Las piedras rúnicas y los pentagramas rúnicos suelen llevar pintura en los surcos para aumentar su visibilidad. El rojo es el principal color popular de las runas, sin embargo, durante la Era Vikinga tenían acceso a muchos pigmentos diferentes, y las runas se pintaban de muchos colores distintos. La naturaleza de *cortar, tallar* y *rayar* implica madera o piedra. Esto no quiere decir que no se puedan pintar runas en pequeños guijarros de cristal, que pueden ser muy bonitos. Ten en cuenta los niveles de energía mágica a los que puedes acceder con los distintos materiales.

Fabricación de piedras rúnicas

Una vez que te hayas familiarizado con los materiales que has elegido para trabajar y estés seguro de que serás capaz de elaborar tus runas correctamente, puedes empezar. El acto de creación en sí es un ritual mágico, y debes ser consciente de todas las intenciones mientras trabajas.

Antes de empezar, asegúrese de disponer de una zona de trabajo adecuada. Elimine el desorden innecesario y tenga a mano todas las herramientas que necesite. Querrá un espacio de trabajo libre de distracciones, donde pueda concentrarse. Asegúrese de que dispone de tiempo suficiente para este proceso. Si no dispones de mucho tiempo para crear los veinticuatro símbolos del Futhark Antiguo a la vez, divide tu trabajo en procesos (como medir y cortar madera), y luego en trabajar los tres Aetts, concentrándote en crear sólo ocho runas a la vez. Esto puede significar que tengas que trabajar en momentos en los que los demás miembros de tu hogar estén fuera o durmiendo.

Las runas que los Norns tallaron en Yggdrasil eran para proteger, curar y mantener la salud del Árbol del Mundo. Sé consciente de los pensamientos de esta naturaleza y piensa en tu intención cuando crees tus runas. Puedes practicar un ritual de centrado antes de empezar a trabajar. Esto puede incluir rezar una oración a los dioses Aesir, a Odín el Todopoderoso, o una simple meditación para despejar la mente. Puedes optar por encender una vela blanca y poner música relajante o grabaciones de sonidos del bosque o de la naturaleza. Tu estado mental y tus intenciones deben ser de calma y concentración. Si usted está agitado, tiene pensamientos oscuros, enojados, o está demasiado triste y disgustado, usted podría alimentar estas energías negativas en sus runas, y todas las fundiciones o lecturas hechas con ese conjunto podrían potencialmente tener resultados negativos o dañinos, incluso después de limpiar sus runas.

El conocimiento de las runas se obtuvo mediante un acto de sacrificio. Ofrece algo mientras fabricas tus piedras rúnicas. Sirve una bebida y ofrécela como tributo; no la bebas, sino que sacrifícala a la tierra: a los dioses Aesir les gustaba la cerveza. Como mínimo, las runas merecen toda tu intención y concentración. Si accidentalmente te lastimas y sangras durante el proceso, detente. Tendrás que destruir las runas sobre las que sangraste. La magia de sangre es poderosa y peligrosa, especialmente para los inexpertos. Como principiante de cualquier práctica mágica, no querrás involucrarte accidentalmente en magia de sangre.

Hacer tus propias runas puede ser divertido y satisfactorio. A continuación se ofrecen instrucciones para dos tipos diferentes de conjuntos de runas para distintos niveles de habilidad.

Runas de cristal (técnicas para principiantes)

Materiales: guijarros de vidrio transparente, esmalte de uñas transparente y de color, o pintura y sellador acrílico transparente brillante, alcohol de quemar

Herramientas: pinceles finos

Materiales: Los guijarros de cristal pueden comprarse en tiendas de manualidades, de decoración del hogar o en la mayoría de tiendas con departamentos florales, y también pueden encargarse por Internet. El esmalte de uñas puede comprarse en la mayoría de droguerías y tiendas de productos de belleza. La pintura, los rotuladores y los selladores pueden comprarse en tiendas de arte y manualidades. No compres piedrecitas de vidrio esmerilado, ya que el proceso descrito aquí las cubrirá con una capa brillante, arruinando el efecto mate.

Se recomiendan los guijarros de vidrio transparente porque el uso de guijarros de vidrio de color aporta los aspectos de la magia del color a tus runas. Investiga las asociaciones de color con las runas y la magia del color antes de seleccionar guijarros de color.

Deberá trabajar en una zona con buena ventilación y donde la limpieza sea fácil. Se recomienda utilizar lonas y cubiertas para superficies. La pintura y el esmalte de uñas dañan los muebles, así que planifique su espacio de trabajo en consecuencia. Si utiliza un sellador en aerosol, rocíe en el exterior y utilice un protector facial.

- Limpia los guijarros de vidrio *(véase el final del capítulo)*.

- Limpia los guijarros de vidrio con alcohol para eliminar cualquier resto de aceite.

Para runas sobre guijarros de vidrio:

- Dibuja tus runas en papel del tamaño de la piedrecita de cristal. Para las runas en la parte superior del guijarro, dibuja las runas a la derecha.

- Coloca el guijarro de cristal sobre el dibujo de la runa en papel y, con un pincel fino, traza la forma sobre el cristal con el esmalte o la pintura. La mayoría de los guijarros de vidrio tienen un lado ligeramente abombado y otro plano. El lado abombado está hacia arriba.

- Utiliza un pincel fino tanto para el esmalte de uñas como para la pintura. Los pinceles de los esmaltes de uñas son demasiado torpes y gruesos para trabajar con líneas limpias.

Para las runas que son visibles a través del guijarro de cristal:

- Dibuja tus runas en papel del tamaño de los guijarros del cristal, pero dibújalas al revés/imagen especular. Así se leerán al revés cuando se miren a través del cristal.

- Coloca tu guijarro de cristal boca abajo (con la cúpula hacia abajo) sobre el dibujo y, con un pincel fino, traza la forma en la parte inferior del guijarro de cristal con esmalte o pintura.

- Dejar secar entre capa y capa. Pueden ser necesarias varias capas de esmalte/pintura para obtener una línea de color intenso.

- Aplica una capa de pulimento transparente sobre la marca rúnica. (El pincel que viene con el pulimento es bueno para esto ya que no es un trabajo detallado). También puedes utilizar un sellador acrílico de capa transparente. Si es en spray, aplícalo al aire libre.

- Deshazte adecuadamente de tus runas prediseñadas.

Runas de madera (técnicas avanzadas)

Materiales: Una rama de 1 a 2 pulgadas de grosor, de un mínimo de 13 pulgadas de longitud (para 24 discos de 1 cm o 0,5 pulgadas -querrás más por si se cortan mal) o 24 discos de madera* (más extras para practicar), tinte para madera o pintura.

Herramientas: papel de lija de grano cada vez más alto, sierra de mano, herramientas para tallar: V-tool/U-gouge o herramienta para quemar madera, abrazaderas, regla, lápiz, pincel fino, gafas de seguridad.

Deberá trabajar en una zona con buena ventilación y donde la limpieza sea fácil. Puede que le resulte más cómodo trabajar al aire libre durante la tala. Se recomienda utilizar lonas y cubiertas para superficies. Tallar, quemar y teñir madera puede dañar los muebles, así que planifique su espacio de trabajo en consecuencia. *Si utiliza discos de madera comprados, deberá limpiarlos antes de trabajar con ellos.*

Conseguir madera: Puedes utilizar ramas que encuentres en tus salidas o buscar montones de limpieza de árboles podados. (Siempre es mejor ser educado y preguntar antes de coger una rama de la propiedad de alguien).

No cortes ramas vivas de los árboles, ya que podría ser peligroso si no sabes exactamente lo que estás haciendo. Podrías herirte y dañar al árbol (dañar a los árboles es contrario a la intención original de las runas, ya que los Norns las utilizaban para curar y proteger a Yggdrasil).

Conozca las leyes relativas a la recogida de ramas en los parques de su zona. Es ilegal coger ramas (incluso las que han caído de forma natural) de los Parques Nacionales de Estados Unidos y Canadá debido a las políticas de conservación de la ecología natural.

Puedes encargar ramas con corteza en tiendas de artesanía o preguntar en tu maderería local. No cortes madera verde. Deja que las ramas se sequen completamente antes de crear las runas. Dependiendo de la temperatura y el clima locales, esto puede llevar de varios días a varias semanas.

- Lleve gafas de seguridad cuando utilice herramientas para trabajar la madera.

- Proteja las superficies de trabajo según sea necesario.

Creación de discos de madera:

- Busca una sección de rama que tenga un grosor uniforme. Es posible que necesites varias ramas para tener madera suficiente para veinticuatro runas. Con una regla, mide el grosor deseado para las runas. Las secciones más finas serán más difíciles de cortar.

- Sujete la rama contra una mesa de trabajo o un caballete. Haga que la sección que desea cortar cuelgue sobre el espacio vacío. Con un movimiento de vaivén, sierre 24 discos, más los suficientes para practicar con varias piezas.

- Recuerde el viejo adagio "medir dos veces, cortar una".

- Si has comprado discos precortados, límpialos antes de trabajar las runas en su superficie.

Preparación de la superficie:

- Utilice papel de lija para alisar la superficie de los discos de madera (tanto los cortados a mano como los comprados en tiendas). Empiece con papel de lija grueso y vaya aumentando gradualmente el número de granos hasta conseguir un pulido sedoso y sin rebabas.

- Planifica tus runas.

- Con un lápiz, dibuja cuidadosamente la forma rúnica en una cara del disco de madera (la otra cara quedará en blanco).

Leña:

- Siguiendo las instrucciones de la herramienta para quemar madera, calca cuidadosamente sobre tu dibujo a lápiz.

- Si nunca has utilizado herramientas para quemar madera, asegúrate de practicar con restos de madera.

Talla de madera:

- Las herramientas de talla están muy afiladas. Nunca talle hacia el torso o la mano.

- Si nunca ha utilizado herramientas de tallado, practique con trozos de madera.

- Sujete el disco de madera preparado a una superficie de trabajo estable.

- Coloque la punta de la herramienta de tallado contra la madera. Aplica presión hacia abajo en la madera y lejos de tu cuerpo siguiendo la forma dibujada a lápiz.

- Las herramientas de talla en forma de V y de U cortan la madera creando la forma de su nombre, ya sea con una muesca afilada o con una suave línea curva inscrita.

- No clave la punta del trinche en la madera. No presione la parte superior de la forma de V o U por debajo de la superficie del disco de madera, ya que esto puede provocar astillas y que se atasque la herramienta de tallado.

- Tallar ligeramente y repasar las líneas varias veces para conseguir un surco más profundo en la madera.

- Después de quemar o tallar, vuelva a lijar la superficie para eliminar las rebabas.

- Mancha o pintura.

- Con un pincel fino, traza con cuidado las líneas grabadas de tus runas.

- Deje secar en una zona sin polvo durante al menos veinticuatro horas. Comprueba que la mancha/pintura esté seca antes de limpiar y cargar tus runas.

Limpieza de las runas

Antes de empezar, limpia los conjuntos de runas que hayas comprado o los materiales que vayas a utilizar para hacer tus propios conjuntos. También querrás limpiar el conjunto de runas que hayas hecho cuando hayas terminado y de nuevo antes de empezar a usarlas.

La limpieza de las runas ayuda a eliminar las energías negativas o la magia residual que pueda haber entrado en la piedra rúnica. Debes eliminar estas viejas energías antes de cargar tus piedras con tus energías mágicas.

Es posible que desee limpiar sus piedras después de realizar lecturas para algunas personas, o si cree que han sido maltratadas o manipuladas excesivamente por otros.

Hay muchas formas de limpiar tus runas. Exponerlas a las fuerzas de los elementos naturales es la más básica. Dependiendo del material, puedes dejarlas reposar en el agua corriente natural de un arroyo o riachuelo, o en la lluvia. No intentes limpiarlas en agua corriente del grifo o en un estanque estancado.

Puedes dejarlas fuera toda la noche bajo la luna llena. O colócalas al sol de primera hora de la mañana y déjalas al aire libre todo el día y toda la noche. Si no dispones de un lugar seguro en el exterior, puedes colocar las piedras en el alféizar de una ventana, donde les dé la luz natural.

Otras formas de limpiar tus piedras implican el conocimiento de otras magias, por lo que en este caso, mantenerlo simple es lo mejor. Trabaja con el método de limpieza que mejor se adapte a tu situación y resuene con tu práctica.

Necesitarás una bolsa blanda con cordón de fibras naturales, como algodón o seda. Querrás guardarlas en un lugar que sea tuyo, y no en un lugar de tu casa donde otras personas tengan acceso y vayan a mover tus piedras para acceder a otra cosa. Quieres que las runas absorban tu energía y no las energías confusas de varias personas.

Cargar las runas

Cada paso de la creación de tus runas ha sido un ritual, y éste no es diferente. Asegúrate de tener tiempo libre y un lugar donde puedas trabajar. Despeja tu mente de preocupaciones e inquietudes innecesarias en este momento y mantén el espacio y la intención para lo que estás haciendo.

Hay muchas formas de cargar las runas. El sahumerio es la práctica de hacer que el humo de hierbas específicas bañe un objeto. La salvia es una hierba limpiadora y es muy adecuada para esto. También querrás limpiar el contenedor de tus runas. Sostén cada piedra rúnica en el humo y respira el nombre de la runa en la pieza. Para ello, coloca la runa cerca de tu boca y pronuncia el nombre de la runa. Asegúrate de tener tu respiración involucrada para que el aire de tus pulmones acaricie la runa. Repítelo con cada runa.

Cuando hayas terminado, vuelve a meter las runas con cuidado en su bolsa y colócalas en el lugar que hayas elegido para ellas.

No todo el mundo tolera el humo; afortunadamente, hay otras formas de cargar tus piedras. Envuelve tus piedras en un paño limpio y entiérralas durante una semana. Cuando las desentierres, insufla su nombre en ellas.

Otra forma de cargar tus runas es ponerlas al sol de la mañana y dejarlas durante un ciclo de un día entero. Cuando recojas las piedras, asegúrate de insuflarles su nombre.

No hay reglas prescritas para limpiar y cargar las piedras. Utiliza los métodos que te parezcan más adecuados.

CAPÍTULO 5: ELDER FUTHARK

El Elder Futhark fue el primer alfabeto rúnico. Hay veinticuatro formas rúnicas, y cada forma tiene un nombre, un significado y una intención más profunda. El término Futhark se creó a partir de las seis primeras formas rúnicas. A diferencia del Futhark anglosajón o más joven, las formas del Futhark más antiguo están hechas con líneas rectas, no curvas. Esto refleja la naturaleza tallada de cómo las runas fueron talladas/cinceladas en piedra, madera y otros objetos.

Las runas son mucho más que una antigua forma de escritura en la que cada forma representa una letra. Están relacionadas con los dioses nórdicos y con la naturaleza. Su significado va más allá de la simple definición de su nombre, ya que cada una tiene un significado mágico más profundo.

Nota sobre nombres y significados

La mayoría de las runas tienen múltiples variaciones de su nombre. Esto es el resultado de la evolución y los cambios en el lenguaje de los términos originales, y de qué versión del nombre se adoptó más comúnmente. La historia de las runas se basa en las tradiciones y lugares de los antiguos germanos y nórdicos. El lenguaje creció y cambió en los distintos lugares. Las modificaciones de los nombres provienen de las variaciones en los usos del idioma escandinavo, danés, islandés e inglés antiguo. Aunque todas las runas del Elder Futhark siguen siendo las veinticuatro formas originales, los nombres que encontrarás aquí pueden variar en sus orígenes. Por ejemplo, las runas que se modificaron y se usaron más comúnmente en el Futhark anglosajón pueden llevar un nombre inglés antiguo.

La vida en tiempos de los antiguos germanos no era fácil. No disponían de los recursos para alimentos, calefacción y medicinas que proporciona la vida moderna. Los dioses nórdicos antiguos desempeñaban muchos cargos, y no había un solo dios de la guerra ni un solo dios de la fertilidad. Los dioses de la fertilidad eran de vital importancia, ya que se ocupaban de los ciclos de la vida, incluido el ciclo de la siembra y la cosecha, pero también de la reproducción humana. Muchas de las runas tienen la fertilidad como uno de sus aspectos, y depende de la interpretación del lector si la fertilidad en ese caso se refiere al crecimiento financiero, una cosecha abundante, bebés (ya sean animales o personas) o una nueva relación romántica.

Las asociaciones divinas se indican cuando se conocen. No todas las runas están relacionadas con un dios o un ser mitológico. Muchas son simplemente fuerzas de la naturaleza. Las asociaciones de color varían ampliamente y tienen diferentes conexiones basadas en la interpretación de las runas. Las plantas y las piedras preciosas responden a la energía asociada con sus runas relacionadas. En muchos casos, tienen una conexión directa de significado o una relación con el dios asociado.

Los tres aetts

El Elder Futhark se divide en tres grupos de ocho, cada uno de los cuales recibe el nombre de *aett*. Estas agrupaciones identifican las runas con dioses y conceptos específicos. La posición de una runa dentro del aett es significativa en el uso de las runas codificadas, un medio de escribir una runa sin usar el símbolo exacto. Ejemplos: Feoh es la primera runa del primer aett 1:1; Isa es la tercera runa del segundo aett 2:3.

(El propósito de esta codificación no está claro. ¿Fueron creadas para añadir otro nivel de misterio a las runas, o como una forma de utilizar la forma escrita de una runa sin activar sus energías mágicas? Lamentablemente, nunca lo sabremos).

Freya's aett

Atribuida a Freya y/o Frey, ambos considerados dioses de la fertilidad y la prosperidad. Freya se asocia con la belleza, la vida vegetal y la adivinación. Su hermano gemelo, Frey, se asocia con los cielos soleados, las lluvias moderadas y las buenas cosechas. Eran dioses Vanir. Este aett se alinea con los conceptos del ciclo vital. Las ocho runas de este aett son Feoh, Uruz, Thurisaz, Ansur, Raidho, Kenaz, Gebo y W unjo.

Feoh

- Significado: ganado; riqueza

- Las runas se originaron en una época en la que poseer ganado era signo de riqueza y propiedad. Normalmente coincidía con tener algún tipo de liderazgo o poder dentro de la comunidad. Esta runa ha pasado a significar riqueza financiera, pero también riqueza social/comunitaria. Otros atributos son los comienzos financieros y la fertilidad.

- Descripción: línea vertical alta con dos ramas apiladas aproximadamente a la mitad del lado, en ángulo hacia arriba y a la derecha.

- Letra equivalente/sonido: F

- Dios: Frey

- Árbol: saúco

- Hierba: ortiga

- Piedra preciosa: ágata musgosa

- Asociaciones de colores: rojo, verde, marrón

- Posición en Futhark: 1

- Posición en aett: 1:1

Uruz/Ur

- Significado: aurochs; fuerza

- Los uros eran un tipo de buey salvaje con cuernos extremos (se extinguieron en el siglo XVII), descrito como tan grande como un elefante (según Julio César) y tan fiero como un toro furioso. Esta runa indica una energía vital muy masculina, indica poder primitivo, salud física y destreza sexual.

- Descripción: línea vertical con una rama corta ligeramente inclinada hacia abajo y a la derecha. Desde el final de la primera rama sale una segunda rama vertical corta que baja en línea recta; se parece a una N minúscula latina (n).

- Letra equivalente/sonido: U

- Árbol: abedul

- Hierba: musgo esfagno

- Piedra preciosa: carbunclo

- Asociaciones de colores: verde oscuro, rojo, naranja

- Posición en Futhark: 2

- Posición en aett: 1:2

Thurisaz/Thorn

- Significado: gigante; peligro, sufrimiento

- La forma de esta runa refleja uno de sus significados como una espina, un elemento de disuasión afilado. Puede significar una advertencia o la necesidad de defenderse. También puede interpretarse como una runa de fertilidad, ya que las enredaderas espinosas romperán las rocas para echar raíces. También es un juego de palabras para espina: pinchazo: falo.

- Descripción: línea vertical alta con dos ramas cortas alineadas en la zona media de la vertical formando un pico a la derecha; se asemeja a una P latina con una línea adicional que crece desde la parte superior.

- Letra equivalente/sonido: TH

- Dios: Thor

- Árbol: espino blanco

- Hierba: houseleek

- Piedra preciosa: zafiro

- Asociaciones de colores: rojo, marrón, blanco

- Posición en Futhark: 3

- Posición en aett: 1:3

Ansur

- Significado: boca de Dios; prosperidad y vitalidad

- Es la runa de la comunicación. Se atribuye a Odín haber insuflado vida a las figuras talladas que se convirtieron en el primer hombre y la primera mujer. Esta runa es ese soplo de vida. Representa la inteligencia, la inspiración divina y la perspicacia.

- Descripción: línea vertical alta con dos ramas apiladas alineadas en la parte superior de la vertical, en ángulo hacia abajo y a la derecha; se asemeja a una F latina.

- Letra equivalente/sonido: A

- Dios: Odin

- Árbol: fresno

- Hierba: agárico de mosca

- Piedra preciosa: esmeralda

- Asociaciones de colores: azul oscuro, amarillo

- Posición en Futhark: 4

- Posición en aett: 1:4

Raidho

- Significado: cabalgar; movimiento, crecimiento

- Una de las interpretaciones de Raidho es una rueda de carreta, y representa un viaje. Ese viaje puede ser físico, de aquí para allá, o metafísico. También está relacionado con el viaje de la vida a la muerte. Otros aspectos que abarca Raidho son el liderazgo, la orientación y la integridad moral.

- Descripción: línea vertical alta con dos ramas cortas alineadas en la parte superior de la vertical formando un pico a la derecha, una tercera rama corta se une a la vertical en el mismo punto de la segunda rama y forma un ángulo hacia abajo y a la derecha; se asemeja a una R latina.

- Letra equivalente/sonido: R

- Dios: Thor

- Árbol: roble

- Hierba: artemisa

- Piedra preciosa: crisoprasa

- Asociaciones de colores: rojo, violeta, negro

- Posición en Futhark: 5

- Posición en aett: 1:5

Kenaz/Ken

- Significado: antorcha; iluminación, conocimiento

- Los diversos nombres de esta runa tienen interpretaciones muy diferentes, desde "fuego" a "saber" o "úlcera". Una interpretación toma estos significados aparentemente dispares y los combina para significar específicamente el conocimiento médico. Kenaz representa la claridad de pensamiento y el aprendizaje a través de la investigación y la exploración.

- Descripción: unión con dos ramas cortas, una rama forma un ángulo hacia arriba y a la derecha, la otra hacia abajo y a la derecha (formando una punta a la izquierda); se parece a una K latina sin la vertical.

- Letra equivalente/sonido: K

- Árbol: pino

- Hierba: cowslip

- Piedra preciosa: piedra de sangre

- Asociaciones de colores: rojo, amarillo

- Posición en Futhark: 6

- Posición en aett: 1:6

Gebo/Gyfu

- Significado: regalo; generosidad

- Pensada como dones espirituales y generosidad. Esta runa puede interpretarse como los dones de los hombres a los dioses, como el sacrificio, o de los dioses a los hombres: enseñanzas religiosas. Engloba conceptos de comercio justo, contratos, reciprocidad, generosidad y armonía. Es una runa del matrimonio y del sexo.

- Descripción: intersección de dos ramas largas, creando una forma de X; se asemeja a una X latina.

- Letra equivalente/sonido: G

- Árbol: olmo

- Hierba: heartsease

- Piedra preciosa: ópalo

- Asociaciones de colores: azul oscuro, rojo, dorado

- Posición en Futhark: 7

- Posición en aett: 1:7

Wunjo

- Significado: alegría; satisfacción

- Es la runa de la amistad y el bienestar. Representa la comunidad de ideas afines y la unión familiar. Aporta equilibrio y armonía.

- Descripción: línea vertical alta con dos ramas cortas alineadas en la parte superior de la vertical formando un pico a la derecha; se asemeja a una P latina.

- Letra equivalente/sonido: V o W

- Dios: Ullr

- Árbol: fresno

- Hierba: lino

- Piedra preciosa: diamante

- Asociaciones de colores: amarillo, rojo

- Posición en Futhark: 8

- Posición en aett: 1:8

Hagal's aett

Hagal significa literalmente granizo. Según las estrofas de los poemas rúnicos, el granizo se considera destructor, pero también portador de vida (al fundirse en agua). Este aett abarca la dualidad de las fuerzas externas de la naturaleza y su impacto en la vida. Las ocho runas de este aett son Hagal, Naudhiz, Isa, Gera, Eoh, Peorth, Eolh y Sigel.

Hagal/Hagalez

- Significado: granizo; fuerzas naturales destructivas

- Hagal es el poder destructivo de la naturaleza. Significa literalmente granizo y los daños y reconstrucciones que se producen tras una tormenta. Representa la alteración y el cambio incontrolados. Trae un cambio de energías y representa la oportunidad. Hagal es también la novena runa del Elder Futhark. El nueve es un número poderoso en la mitología nórdica: Existen los Nueve Reinos, Odín estuvo colgado de Yggdrasil durante nueve días para aprender el secreto de las runas y la gestación humana dura nueve meses. Teniendo en cuenta este aspecto, puede interpretarse como transformador y purificador.

- Descripción: dos líneas verticales altas y paralelas con ramas cortas alineadas ligeramente por encima del punto medio en la línea izquierda, en ángulo hacia abajo y hacia la derecha, haciendo una unión en la segunda vertical ligeramente por debajo del punto medio; variación con una segunda barra transversal adoptada del Younger Futhark; se asemeja a una H latina con una barra central inclinada.

- Letra equivalente/sonido: H

- Dios: Hel

- Árbol: tejo

- Hierba: lirio de los valles

- Piedra preciosa: ónix

- Asociaciones de colores: azul claro, negro

- Posición en Futhark: 9

- Posición en aett: 2:1

Naudhiz/Nyd

- Significado: necesidad; esperanza

- Naudiz no es el deseo de querer, sino la necesidad de la necesidad y la tristeza asociada y los aspectos desamparados de la esperanza. Es la runa del hacer lo que hay que hacer, de las consecuencias y de las lecciones de la vida. Tiene conexiones con el anhelo e incluso con la lujuria.

- Descripción: una línea vertical alta con una rama corta que se cruza en un ligero ángulo descendente a la derecha, formando una cruz; se asemeja a una T minúscula latina (t).

- Letra equivalente/sonido: N

- Ser asociación: las Norns

- Árbol: haya

- Hierba: bistort

- Piedra preciosa: lapislázuli

- Asociaciones de colores: negro, gris

- Posición en Futhark: 10

- Posición en aett: 2:2

Isa

- Significado: hielo; espera, inacción

- En Escandinavia e Islandia, el invierno y el hielo son una parte muy importante de la vida. Hay que esperar a que pase el hielo. La inacción de Isa es paciencia, autocontrol.

- Descripción: una sola línea vertical alta; se asemeja a una I latina.

- Letra equivalente/sonido: I

- Árbol: aliso

- Hierba: beleño

- Gema: ojo de gato

- Asociaciones de colores: negro, plata, marrón

- Posición en Futhark: 11

- Posición en aett: 2:3

Gera/Jara

- Significado: año; tiempo, cosecha

- Es la runa de la siembra, el crecimiento y la cosecha. Gera representa el ciclo del año. Engloba conceptos de buen momento, fertilidad, paz y prosperidad.

- Descripción: un cruce con dos ramas cortas, una rama en ángulo hacia arriba y a la derecha, la otra hacia abajo y a la derecha (formando un punto a la izquierda), un segundo cruce de dos ramas en una configuración similar pero en la dirección opuesta por lo que el punto está a la derecha. La rama superior del punto inferior, orientado hacia la derecha, está directamente encima de la rama inferior del punto orientado hacia la izquierda. Los dos puntos no se tocan; se asemejan a dos V latinas laterales orientadas la una hacia la otra.

- Letra equivalente/sonido: Y

- Árbol: roble

- Hierba: romero

- Piedra preciosa: cornalina

- Asociaciones de colores: azul claro, verde

- Posición en Futhark: 12

- Posición en aett: 2:4

Eoh/Eihwaz

- Significado: tejo; fuerza

- Es una runa de sabiduría y de los misterios de la magia. Es una runa espiritual para las comunicaciones entre lo mágico y lo mundano.

- Descripción: una línea vertical alta con una rama corta que se cruza en la parte superior de la vertical y forma un ángulo hacia abajo y hacia la derecha, una segunda rama corta que se cruza en la parte inferior de la vertical y forma un ángulo hacia arriba y hacia la izquierda; se asemeja a una S latina estilizada.

- Letra equivalente/sonido: I

- Dios: Ullr

- Árbol: tejo

- Hierba: mandrágora

- Piedra preciosa: topacio

- Asociaciones de colores: azul oscuro, rojo

- Posición en Futhark: 13

- Posición en aett: 2:5

Peorth

- Significado: desconocido; misterio

- El significado real de Peorth se ha perdido en la historia. Se ha asociado a los árboles frutales, los juegos de azar, la sexualidad femenina y la fertilidad. Por lo tanto, esta runa ha llegado a abarcar la oportunidad inesperada, lo desconocido y el destino. A menudo se asocia con el juego y los sucesos aleatorios.

- Descripción: una línea vertical alta con una rama corta que se cruza en la parte superior de la vertical y forma un ángulo hacia abajo y hacia la derecha, la rama luego forma un ángulo hacia arriba y hacia la derecha; una rama corta se cruza en la parte inferior de la vertical y forma un ángulo hacia arriba y hacia la derecha, antes de formar un ángulo hacia abajo y hacia la derecha; se asemeja a una C latina.

- Letra equivalente/sonido: P

- Ser asociación: las Norns

- Árbol: haya

- Hierba: acónito

- Piedra preciosa: aguamarina

- Asociaciones de colores: negro, morado

- Posición en Futhark: 14

- Posición en aett: 2:6

Eolh/Elhaz

- Significado: alce; protección

- Esta runa es un fuerte símbolo de protección. Protege mediante el destierro y la expulsión. Está relacionada con la perseverancia ante la adversidad y con una mayor conciencia de uno mismo.

- Descripción: una línea vertical alta con dos ramas cortas que se cruzan ligeramente por encima del punto medio; la rama izquierda forma un ángulo hacia arriba a la izquierda, la rama derecha forma un ángulo hacia arriba a la derecha; se asemeja a una Y latina con la línea de base vertical continuando hacia arriba.

- Letra equivalente/sonido: Z

- Árbol: álamo temblón

- Hierba: juncia

- Piedra preciosa: amatista

- Asociaciones de colores: dorado, marrón

- Posición en Futhark: 15

- Posición en aett: 2:7

Sigel/Sowilo

- Significado: el sol; el éxito

- Esta runa representa la motivación y la victoria. Es la plenitud personal, el cumplimiento de los objetivos y la transformación de la energía en acción.

- Descripción: tres ramas cortas consecutivas, de abajo arriba: la rama forma un ángulo hacia arriba a la derecha, la rama siguiente forma un ángulo hacia arriba a la izquierda, la rama superior forma un ángulo hacia arriba a la derecha formando un zig-zag; se asemeja a una S latina estilizada.

- Letra equivalente/sonido: S

- Dios: Baldur

- Árbol: enebro

- Hierba: muérdago

- Piedra preciosa: rubí

- Asociaciones de colores: blanco, oro, amarillo

- Posición en Futhark: 16

- Posición en aett: 2:8

Tyr's aett

Tyr era un honorable dios de la guerra, que era valiente y no dudaba en hacer lo necesario por el bien mayor, aunque fuera a un gran coste personal. Distrajo al lobo Fenrir, para que pudiera ser atado por los otros dioses, colocando su mano en la boca del lobo. Posteriormente perdió la mano. Este aett abarca los conceptos de luchas internas dentro del control personal. Las ocho runas de este aett son Tiwaz, Beorc, Ehwaz, Mannaz, Lagu, Ing, Daeg y Odhal.

Tiwaz

- Significado: Tyr; victoria

- Utilizada por los guerreros en la batalla, la runa de Tyr trae la victoria y protege del mal. Esta runa se asocia con la lealtad, la rectitud, el honor y la honestidad. Está relacionada con la toma de decisiones correctas y el desarrollo de la conciencia espiritual.

- Descripción: línea vertical alta con dos ramas cortas que forman una punta de flecha en la parte superior; se asemeja a una T latina puntiaguda.

- Letra equivalente/sonido: T

- Dios: Tyr

- Árbol: roble

- Hierba: salvia

- Piedra preciosa: coral

- Asociaciones de colores: rojo, verde

- Posición en Futhark: 17

- Posición en aett: 3:1

Beorc

- Significado: abedul; fertilidad, crecimiento

- Es una runa de primavera y renacimiento. Está relacionada con los nuevos comienzos y el crecimiento. También tiene una fuerte energía maternal y puede significar santuario, madurez, fertilidad y maternidad.

- Descripción: línea vertical alta con dos ramas cortas alineadas en la parte superior de la vertical formando un pico a la derecha, un segundo par de ramas cortas forma un segundo pico a la derecha, inmediatamente debajo del primero; se asemeja a una B latina.

- Letra equivalente/sonido: B

- Dios Idun

- Árbol: abedul

- Hierba: manto de dama

- Piedra preciosa: piedra de luna

- Asociaciones de colores: verde oscuro, azul

- Posición en Futhark: 18

- Posición en aett: 3:2

Ehwaz

- Significado: caballo; confianza

- Esta runa representa la conexión entre un caballo y su jinete. Representa el progreso a través de las asociaciones y la confianza, el trabajo en equipo, la cooperación, el matrimonio y la sexualidad.

- Descripción: dos altas líneas verticales paralelas con una rama corta que desciende hacia la derecha desde la parte superior de la vertical izquierda, conectando con una segunda rama corta que continúa hacia la derecha conectando con la parte superior de la línea vertical más a la derecha; se asemeja a una M latina.

- Letra equivalente/sonido: E

- Dios: Frey u Odin

- Árbol: fresno

- Hierba: artemisa

- Piedra preciosa: Chispa de Islandia

- Asociaciones de colores: blanco, verde, rojo

- Posición en Futhark: 19

- Posición en aett: 3:3

Mannaz/Man

- Significado: humanidad; cooperación

- Esta runa simboliza tanto a la humanidad como al individuo. Representa la preparación mental y la aceptación de la condición humana. Tiene significados espirituales personales y humanistas de masas (personas en general).

- Descripción: dos líneas verticales altas y paralelas con dos ramas cortas que forman una X y conectan la mitad superior de las líneas verticales; se asemejan a dos Ps latinas en imagen especular.

- Letra equivalente/sonido: M

- Árbol: acebo

- Hierba: madder

- Piedra preciosa: granate

- Asociaciones de colores: rojo, plata

- Posición en Futhark: 20

- Posición en aett: 3:4

Lagu

- Significado: lago; agua

- Esta runa representa el agua como fuente de significado profundo e intuición. Representa el subconsciente, la imaginación, los sueños y los poderes psíquicos. Representa la energía vital como fuente de vida y es un símbolo de fertilidad.

- Descripción: línea vertical alta con una rama corta alineada con la parte superior de la vertical que desciende hacia la derecha; se asemeja a una R(r) latina minúscula.

- Letra equivalente/sonido: L

- Dios: Njord

- Árbol: sauce

- Hierba: puerro

- Piedra preciosa: perla

- Asociaciones de colores: verde, negro

- Posición en Futhark: 21

- Posición en aett: 3:5

Ing

- Significado: Ing; fertilidad

- El dios Frey era conocido por los daneses como el héroe Ing. Ing era conocido por su destreza sexual. Esta runa representa la energía sexual masculina, así como la energía almacenada. Está relacionada con la chispa creativa, la energía y la gestación.

- Descripción: cuatro ramas cortas se unen en cada extremo formando un paralelogramo, una forma de diamante; una variación de esta runa aparece como dos X apiladas ha sido adaptada del Futhark anglosajón; se asemeja a una O latina puntiaguda.

- Letra equivalente/sonido: Ng

- Dios: Ing/Frey

- Árbol: manzano

- Hierba: genciana

- Piedra preciosa: ámbar

- Asociaciones de colores: amarillo, marrón

- Posición en Futhark: 22

- Posición en aett: 3:6

Daeg

- Significado: día; esperanza, iluminación

- Daeg representa la seguridad que se encuentra en la luz frente a la incertidumbre de la oscuridad. Está relacionado con la conciencia y la iluminación, con el despertar místico y con el concepto más mundano de que el amanecer volverá.

- Descripción: dos altas líneas verticales paralelas con dos largas ramas que forman una X y conectan la parte superior de la línea vertical izquierda con la parte inferior de la línea vertical derecha, y la parte inferior de la vertical izquierda con la parte superior de la vertical derecha; se asemejan a dos D latinas en imagen especular.

- Letra equivalente/sonido: D

- Árbol: abeto

- Hierba: salvia sclarea

- Piedra preciosa: diamante

- Asociaciones de colores: azul, amarillo

- Posición en Futhark: 23

- Posición en aett: 3:7

Odhal

- Significado: hogar; propiedad heredada

- Esta runa representa el poder ancestral y el legado. Contiene conexiones con el hogar y la domesticidad. Es la encarnación de "el hogar está donde está el corazón".

- Descripción: cuatro ramas cortas forman un paralelogramo en forma de diamante, dos ramas cortas forman "patas" que se inclinan hacia abajo y hacia la izquierda y la derecha desde el punto más bajo de la forma de diamante; se asemeja a una X latina con techo en pico.

- Letra equivalente/sonido: O

- Árbol: espino blanco

- Hierba: trébol

- Piedra preciosa: rubí

- Asociaciones de colores: amarillo oscuro, marrón

- Posición en Futhark: 24

- Posición en aett: 3:8

Las runas adquieren un significado adicional cuando aparecen al revés, o cuando vienen antes o después de otra runa. En los próximos capítulos, exploraremos estos significados adicionales de las runas cuando se utilizan en el lanzamiento y la adivinación.

CAPÍTULO 6: MAGIA RÚNICA

Lanzar o crear hechizos y amuletos con runas es un intento de aprovechar la magia de las Nornas y de influir en tu destino. Son prácticas distintas de la adivinación, en la que las runas dan respuesta a preguntas que pueden ayudarte a entender y conocer tu destino.

Antes de crear un talismán o hechizo rúnico, tómate tu tiempo para aprender y familiarizarte con las runas. Memoriza sus nombres y significados. Crea imágenes de las runas en tu mente y respira sus nombres. Al leer y escribir runas, es importante comprender su significado. Recuerda que los maestros rúnicos debían estar bien versados en el arte y la comprensión de las runas para no causar daño involuntariamente. Procede con precaución, especialmente si eres nuevo en las religiones paganas o un nuevo practicante de la adivinación. Hay una razón por la que las runas continuaron en la era moderna, y no fue debido a su aspecto de lenguaje escrito. Sé consciente de esas energías.

Amuletos

La forma más sencilla de practicar la magia rúnica es con un amuleto. Los amuletos pueden ser personales o para zonas más amplias, como el lugar donde se practica el lanzamiento de runas, un altar, un lugar de trabajo o el hogar.

Tradicionalmente, los amuletos personales son una pieza de joyería con una runa guía. Esta práctica es similar a la de los guerreros germánicos que inscribían Tiwaz en sus espadas. No daban a la espada el nombre de Tyr, sino que invocaban las energías de Tyr para obtener fuerza y honor en el campo de batalla. Instilar la intención de la runa en una pieza de joyería te transferirá esas energías cuando lleves el amuleto.

En tu práctica de familiarizarte con el Futhark Antiguo, puede que descubras que ciertas runas te aparecen más a menudo que otras. Los significados de esas runas resuenan contigo a un nivel personal que las otras runas no tocan. Reflexiona sobre tu comprensión de esas runas. Puede que necesiten ser tus primeros amuletos.

Puede que necesites llevar amuletos diferentes en momentos distintos. Puede que necesites más la energía de una runa concreta en determinados momentos. Puede que llevar Ur te ayude a superar una prueba física, como correr una maratón, o que Ing te calme durante una espera estresante; si eres un viajero nervioso, quizá necesites Raidho.

Los amuletos pueden ser un colgante que se lleva al cuello, dijes en una pulsera y anillos. No todo el mundo se siente cómodo llevando joyas o mostrando símbolos en ellas. Los amuletos no tienen por qué llevarse puestos, pero se pueden llevar encima. Los amuletos atados a un llavero, o llevar una piedra rúnica o un pentagrama en el bolsillo sirven para mantener el amuleto cerca.

Los amuletos no tienen por qué ser pequeños. Los adornos de pared que combinan piezas más grandes con runas y tejidos regionales o tapices pintados sirven para espacios más amplios.

Si te gustan las manualidades, puedes hacer tus propios amuletos. Sigue las mismas instrucciones para crear un juego de runas con discos de madera, pero taladra un agujero en la parte superior central del disco de madera y añade una anilla de salto para poder convertir un pentagrama rúnico en un colgante. Para convertir una piedra rúnica de cristal en un amuleto, pega el guijarro de cristal en un marco engarzado en bisel con una presilla. Si decides fabricar tus propias runas, sigue los mismos pasos de limpieza y preparación que se explican en el capítulo dedicado a la fabricación de tus propias runas. Recuerda ofrecer algo a los poderes de las runas a cambio de su sabiduría.

Limpia cualquier joya rúnica o amuleto que compres. Límpialo de las energías del creador antes de exponerlo en tu espacio. Quieres que tu runa resuene con tu energía, y no con lo que estaba pasando en la vida del artista cuando creó tu nuevo amuleto. Lo mismo ocurre si compras un amuleto para alguien. Puede que no estén versados en la limpieza de energías, y no sean conscientes de que pueden ser impactados por ellas. Una buena política es limpiar siempre los regalos de energía mágica, y luego tocar el objeto lo menos posible.

Unir runas

Las runas de unión son exactamente lo que parecen, la unión de runas: la combinación de dos o más runas para crear un talismán lleno de poder. Las runas de enlace existen desde que aparecieron las primeras piedras rúnicas. La mayoría de los primeros ejemplos de runas de enlace parecían ser nombres, como el logotipo de Bluetooth. Este logotipo es un ejemplo de una runa de enlace apilada que utiliza runas del Younger Futhark para crear un nuevo símbolo para el nombre Bluetooth. Esto se hizo intencionadamente, ya que la tecnología Bluetooth debe su nombre a Harald Bluetooth y se inspiró en la capacidad de comunicarse a distancia que proporcionaban las piedras rúnicas durante la Era Vikinga.

Las runas apiladas son una combinación y estratificación de runas para que ocupen el mismo espacio y creen una nueva forma. Al combinar y rediseñar la forma de este modo, la energía y la intención de las runas se unen, a diferencia de lo que ocurre en las lecturas, donde el orden y la posición de una runa determinada influyen en las interpretaciones de otras runas.

Al colocar Lagu sobre Isa se crea una runa de unión para la buena salud. Raiho y Naudhiz se unen para formar una runa de viaje seguro. La alegría de Wunjo y el don de Gebo se unen para crear una runa de amor. Hay muchos ejemplos de runas de unión ya creadas. Muchas incorporan las runas de una forma que es un poco menos sencilla que colocar una encima de otra. Combinando Ansur con Gebo se crea un símbolo de buena suerte. La vertical alta de Ansur se inclina hacia la derecha y se convierte en uno de los travesaños de la X de Gebo. Una rápida búsqueda en Internet le devolverá muchos ejemplos. Reflexionando sobre tus necesidades y el significado de las runas, puedes combinar las tuyas propias.

Las runas de la misma ranura se construyen sobre la misma línea vertical alta central. Las runas se apilan unas sobre otras y, en la medida de lo posible, las líneas se superponen y se combinan para crear una nueva forma. Un ejemplo de runa de la misma línea aparece en la Piedra Kylver, al final del Futhark. Esta runa es una combinación de varias runas Tiwaz y Ansur combinadas para formar una runa de protección.

Piensa en las propiedades que quieres combinar en tu runa de ligadura. Si necesitas más de dos runas, puede que la forma se construya mejor a partir de una runa de ligadura de la misma rama o de una runa de ligadura radial.

Las runas de unión radial crean un diseño en el que las líneas verticales de una colección de runas se extienden para formar una unión central; las runas irradian desde un único punto (no muy diferente de los radios de una rueda). Esta forma rúnica tiene una apariencia similar a la de los pentagramas islandeses: sigilos orientados hacia el centro. Los pentagramas islandeses no son formas rúnicas tradicionales, ya que no empezaron a aparecer en los registros históricos hasta mucho después de la Era Vikinga. A pesar de no ser una forma rúnica tradicional, estas runas radiales han entrado en la práctica contemporánea. Si tu intuición te guía hacia las formas radiales, sigue la guía de las runas.

Como en toda práctica rúnica, cuando diseñes tus runas de ligadura, estate presente en tu trabajo. Concéntrate en la intención de tu runa de ligadura al seleccionar las runas que vas a incorporar. Al crear runas para aprovechar energías combinadas, hay que escuchar la intuición y las "corazonadas". Si las energías de una runa de ligadura no se sienten bien, algo está intentando advertirte de que la combinación no funciona. Destruye la runa que has creado, reflexiona sobre el resultado que deseas e inténtalo de nuevo.

Hechicería

A diferencia de la llamada protectora o energética de una runa de ligadura, las escrituras rúnicas son mensajes a las Norns y energías guía de las direcciones de nuestras vidas. La escritura fija un concepto. Ahora existe en una superficie (ya sea papel o piedra). Aunque escribir algo no lo hace real, definitivamente sirve como una intención para que esa idea sea real dentro del universo.

Las runas eran una herramienta del destino, ya que los Norns las utilizaban para dirigir las vidas de los habitantes de los Nueve Reinos, así como para dirigir la salud y el bienestar de Yggdrasil. Combinando las intenciones de la escritura y las fuerzas directivas del destino que son inherentes a las runas, se crea una escritura que anuncia a los poderes del destino y a las energías del universo un cambio o resultado deseado.

Al igual que lanzar tus intenciones, escribir runas crea algo más que simples deseos. Se convierten en directrices para el flujo y reflujo de las energías que te rodean. El camino de tu vida, tu destino, no es una línea lineal constante que se mueve en una dirección singular, hay giros y vueltas. Con el lanzamiento de runas, puedes hacer saber a las fuerzas controladoras qué giros y vueltas te gustaría seguir.

Estos guiones siempre deben lanzarse con intenciones positivas, no sea que el destino sea cruel y se vuelva contra ti con intenciones negativas. Estas escrituras deben ser temporales, y literalmente no talladas en piedra. Dado que se trata de mensajes escritos, es importante comprender el significado de las runas que se están utilizando, y cómo se afectan mutuamente cuando se utilizan juntas.

¿Notas cómo el tema de conocer las runas y comprender su significado sigue reapareciendo cuando se trata de usarlas? Por favor, dedica tiempo a investigar, leer y meditar sobre las intenciones y significados de las runas antes de utilizar sus energías para la adivinación y la magia.

Los pequeños guiones de hechizos se componen de una colección de runas, de forma parecida a como se leen los significados en la adivinación. Lo que no se está haciendo es una receta o prosa compuesta utilizando las runas como formas de las letras. No estás deletreando palabras utilizando las runas como alfabeto sustitutivo. Estás combinando conceptos y significados, de forma parecida a una runa de encuadernación. Sólo que, en lugar de combinar formas para un nuevo diseño, lo estás deletreando (literal y figuradamente).

Los materiales naturales transitorios son los que mejor funcionan para los guiones. Combinan las propiedades de estar en el aquí y ahora, pero tampoco son permanentes, como las energías que estás atrayendo. Al igual que con los pentagramas y las piedras rúnicas, cuanto más cercanos a la naturaleza y al Árbol del Mundo sean los materiales, más potentes serán sus energías: hojas, corteza, papel...

Después de reflexionar sobre el propósito de tu escritura rúnica, determina qué colección de runas será la mejor para tu propósito. Reúne tus materiales y compón tu guión. Pinta o escribe tu guión. No existen fórmulas fijas, ya que cada hechizo es específico y personal.

Mantenga su guión con usted durante unos días. Puede que sientas la necesidad de cargar tu guión en un ciclo completo del sol antes de llevarlo contigo. Después de unos días, devuelve el guión al universo quemándolo. Respira los nombres de las runas y déjalos ir.

Los guiones pueden componerse para muchos propósitos, como atraer el éxito para una entrevista de trabajo, o el amor. No existen hechizos universales para el éxito o el amor. Las energías que posees y las energías que buscas difieren de persona a persona, y de expectativa a expectativa.

Por ejemplo, para atraer un amor femenino (ya sea el de una mujer, o el aspecto nutritivo de la energía femenina) podrías considerar Wunjo para la felicidad, Gebo para el don de otro, Eoh para la asociación, y Feoh para aumentar la potencia de las runas anteriores, mientras que también trae la energía femenina. Para un hechizo similar pero llamando a la energía masculina o a un hombre: Wunjo, Gebo, Ur, Eoh. Colocando Eoh después de Ur se une la energía masculina bruta en la asociación.

CAPÍTULO 7: ADIVINACIÓN Y LECTURA DE RUNAS

La adivinación es la búsqueda de significado a partir de fuentes místicas. Leer runas es un intento de obtener ese conocimiento de las mismas fuentes que alimentaron el Árbol del Mundo y el Pozo de Wyrd, la fuente de las runas originales. Buscar el conocimiento de las runas es pedirlo a la fuente del universo. La adivinación con runas tiene más que ver con la iluminación y la orientación que con la predicción del futuro.

Entender las runas

Las runas no se leen de forma lineal cuando se utilizan para trabajar la magia y la energía. Si bien pueden servir como una forma de alfabeto, cada forma representa un sonido o parte del lenguaje, ese no es el caso para este propósito.

No sólo es necesario comprender el significado básico de cada una de las runas, sino también su ubicación en relación con las demás.

Cuando se tiran runas para una lectura o se lanzan, la posición, al final, debe tenerse en cuenta en la interpretación global. Los juegos de runas deben hacerse por una sola cara, de modo que sólo se cree una dirección para el símbolo. Una runa boca abajo tiene el mismo significado que una boca arriba. Simplemente voltea la runa para que quede boca arriba. Cuando la voltees, levanta la pieza de izquierda a derecha (o de derecha a izquierda), no la voltees de arriba a abajo (o de abajo a arriba). Eso invertirá, o causará un merkstave, y cambiará completamente el significado de la lectura.

Cuando una runa aparece en una orientación invertida, se denomina merkstave e indica una inversión o contra-definición del significado inicial. El merkstave no tiene necesariamente una connotación negativa. Para la runa Espina, merkstave puede indicar una ruptura de barreras, lo que puede ser una interpretación positiva. Ocho de las runas no tienen posición merkstave.

Si una runa aparece de lado, con la orientación frontal hacia arriba (por ejemplo, Beorc con la parte posterior de la forma tumbada y las dos puntas en posición hacia arriba), basta con girarla a su posición normal de lectura derecha. Sin embargo, si la orientación del símbolo rúnico aparece de lado y el símbolo está de frente hacia abajo (ejemplo Beorc con la parte posterior de la forma tumbada y las dos puntas en posición hacia abajo), gire la runa a su orientación merkstave. Es más probable que te encuentres con esto al lanzar runas, o si tu conjunto de runas está formado por formas simétricas sin una orientación vertical obvia.

Interpretaciones

La interpretación de **Feoh** de riqueza puede indicar la abundancia de la runa/s anterior/es en una disposición. En la posición merkstave puede interpretarse como una pérdida.

Ur aporta virilidad, y su orden de colocación puede añadir fuerza a la runa anterior. En merkstave puede interpretarse como terquedad equivocada o salud negativa.

Espina indica defensa, y aporta fuerza en la comprensión a las runas anteriores. En merkstave puede indicar una ruptura de barreras o una traición.

Ansur es comunicación. En una posición que sigue a otras runas, aporta una claridad de comprensión de las runas anteriores. En merkstave indica falta de comunicación y manipulación.

Raidho representa el viaje. Siguiendo otras runas, puede significar una traída de esas energías. En merkstave indica una perturbación.

Kenaz es conocimiento. Cuando se coloca después de otras runas puede indicar la necesidad de reinterpretar esas runas desde una perspectiva diferente, así que hay que mirar con ojo creativo. En merkstave indica una falta de visión de futuro o una pérdida de intuición.

Gebo es un don. Siguiendo otras runas, puede indicar abundancia de esas energías. No tiene una posición merkstave.

Wunjo es alegría, trae una interpretación positiva feliz cuando se coloca después de otras runas. En merkstave, es tristeza.

Hagalaz representa una disrupción. Es una fuerza de cambio sea cual sea su posicionamiento.

Naudhiz representa las necesidades. Cuando se coloca después de otras runas puede indicar la necesidad de reflexionar sobre cómo las energías y atributos de las runas anteriores son deseables. No tiene posición merkstave.

Isa indica quietud, una pausa. Cuando se coloca junto a otras runas, las mantiene en su sitio. Isa no tiene posición de merkstave.

Gera tiene que ver con el tiempo. Su influencia sobre las runas anteriores tiene que ver con el tiempo y la secuencia, indicando atención al orden de la acción. Gera no tiene una posición merkstave.

Eoh es la conexión con la espiritualidad. Cuando se coloca después de otras runas puede indicar una reaparición de esas energías. Aunque técnicamente no tiene una posición merkstave, puede tener significados destructivos negativos.

Peorth es la runa de la suerte. Su aparición después de otras runas puede indicar que hay que arriesgarse con lo que presentan. En merkstave, puede indicar los aspectos negativos del juego, la adicción, la falta de planificación y el engaño.

Eolh es una runa de protección fuerte. Cuando se coloca junto a otras runas puede aumentar la potencia de sus energías. En merkstave, puede representar una pérdida de conectividad espiritual, peligro oculto y vulnerabilidad.

Sowilo es una runa de alegría y buena salud. No tiene una posición merkstave.

Tiwaz aporta honor. Añade fuerza a las runas tras las que se coloca. En merkstave, puede representar el análisis-parálisis y el fracaso de la acción.

Beorc es una runa de nacimiento. Aporta una fuerte energía femenina de crianza a las runas junto a las que se coloca. En merkstave, puede representar pérdidas, así como problemas de relación y fertilidad.

Ehwaz es asociación y confianza. Combina las runas junto a las que aparece, para que sus energías trabajen en tándem. En merkstave, indica desconfianza y traición.

Mannaz es la runa de la humanidad. Cuando se encuentra en una posición posterior a otras runas, su influencia tiene que ver con la cooperación entre y con las demás runas. Cuando está en posición merkstave, representa una predisposición negativa contra los demás, la arrogancia y la decepción.

Lagu está vinculada al agua y al flujo y reflujo de las corrientes naturales. Cuando se coloca a continuación de otra runa, ejerce una influencia orientadora. Cuando aparece en la orientación merkstave, indica manipulación y mal juicio.

Ing puede ser una energía repentina y contundente: es un "bang". En conjunción con otras runas, puede indicar una aparición dramática y un uso creativo de la energía de esa runa. No hay posición merkstave para esta runa.

Daeg aporta esperanza. Cuando se utiliza junto con otras runas, incorpora un elemento de certeza a sus significados. No tiene orientación merkstave.

Odhal es la runa de la herencia. Puede aportar un significado de permanencia cuando se coloca con otras runas. En merkstave, representa la pérdida de libertades.

Cuando leas las runas, recuerda que la posición de su aett también conduce a su interpretación. El aett de Freya indica conceptos de ciclo vital, comienzos, unión y finales. El aett de Hagal se refiere a las fuerzas externas, las cosas que escapan a nuestro control, mientras que las runas del aett de Tyr se refieren a las fuerzas internas, las cosas sobre las que tenemos control personal.

Leer las runas

Tu intuición y tu comprensión de las runas te guiarán hacia la interpretación más correcta para ese momento. Cuando realice una lectura, puede extender delante de usted un paño dedicado a las lecturas. No hagas preguntas de sí/no. Las runas no son una bola ocho mágica, y no darán respuestas definitivas. No te dirán que pintes una habitación de rojo en lugar de amarillo, pero pueden darte ánimos para que vayas a la escuela a estudiar Derecho o Medicina, por ejemplo. Solicite orientación para situaciones, preocupaciones y problemas que pueda estar experimentando.

Probablemente la lectura rúnica más fácil de hacer es la de una sola piedra. Las preguntas sencillas funcionan bien con una lectura de una sola piedra. Sujeta la bolsa de runas sin apretarla. Concentra en las runas las intenciones y energías que te preocupan. Después de unas cuantas respiraciones tranquilizadoras, introduce la mano y extrae una sola runa. Coloca la runa frente a ti. Concéntrate en esta runa y en su significado. ¿Qué relación tiene con tu consulta? ¿Qué fuerzas aett hay detrás de la runa? Concéntrate y presta atención a tu intuición.

Si estás leyendo para otra persona, pídele que sostenga la bolsa. Colocará la runa frente a sí. La orientación de la runa hacia ellos es la forma de leerla. (Si estás sentado frente a ellos, la runa aparecerá en la orientación merkstave para ti.

Acuérdate de leerla tal y como les aparece a ellos). Necesitarás conocer su pregunta para comprender correctamente la interpretación de la runa que te llega. Pedirte que hagas una lectura a ciegas sin comprender la naturaleza de su consulta es jugar, y lo mejor que puedes hacer es darles una definición de la runa. Serán ellos quienes interpreten su significado. Pero para que la runa te guíe de verdad, tienes que ser capaz de interpretar los significados más amplios que encierra cada runa. La otra persona no tiene que compartir lo que solicita de las runas hasta que su selección haya sido revelada.

Esquemas de lectura

Las disposiciones que siguen las formas de la runa atraerán la energía abrumadora de esa runa. Colocar las runas en una forma Tiwaz general atraerá la energía del honor y de hacer lo correcto en conflicto con Tyr. Por lo tanto, su lectura puede ser lanzada en una dirección de auto-sacrificio por el bien mayor de la situación que la lectura se refiere. Peorth puede verse como la runa del destino, pero como también es la runa del misterio y del juego, puede aportar un aspecto de caos a tu lectura.

Los diseños con el número tres como base aprovechan mejor la energía de las runas. El Pozo de Wyrd era la fuente divina de conocimiento que Odín contempló durante nueve días. Hay tres Norns. Hay nueve reinos.

Las runas para estas lecturas pueden echarse en un pequeño montón y seleccionarse al azar mientras se mira hacia arriba o lejos de las runas. O se pueden sacar directamente de su bolsa.

Existen dos lecturas distintas de tres runas. Como su nombre indica, implican tres runas. La primera disposición crea una columna de arriba abajo. La posición superior/primera de la primera runa representa el *aquí* y el *ahora*. La segunda runa se coloca debajo de la primera. La posición de la segunda runa representa el *camino* que estás recorriendo. La posición de la tercera runa en la base de la columna representa el *objetivo/futuro*.

La segunda disposición de tres runas es de derecha a izquierda. La posición de la primera runa representa una *visión general* de la situación. La segunda runa, colocada a la izquierda, representa un *desafío* o *problema*. La tercera runa se coloca a la izquierda de la segunda runa (ahora la del medio). Esta runa representa el *curso de acción*, y la forma en que esa runa interactúa con las runas anteriores permite comprender el mensaje general de las otras runas.

Una lectura simple de seis runas toma la disposición de la primera disposición de tres runas mencionada anteriormente, pero las runas se leen de dos en dos. Las dos primeras runas se colocan una al lado de la otra en la posición superior *aquí/ahora*. El segundo par se coloca en la posición *del camino*. Y las dos últimas en la posición inferior *meta/futuro*. La combinación de los pares proporciona una capa adicional de información para interpretar.

Otra variación de esta disposición es una tirada de nueve runas. Elige tres runas a la vez, para las tres posiciones de *aquí/ahora*, *camino* y *meta/futuro*. En las agrupaciones de tres, cada runa influye en las demás de su agrupación. Esta variación permite una interpretación más profunda de las energías que guían las runas.

A veces denominada cruz de Odín, esta sencilla lectura de la cruz utiliza cinco runas. Comienza con una sola runa que se convertirá en el punto central de la cruz. Esta primera runa representa el *presente*. La segunda runa se coloca a la izquierda, en la posición del *pasado*. La tercera runa se coloca a la derecha de la runa *del presente*, en la posición del *futuro*. La cuarta runa que se coloca va debajo de la runa *del centro/presente*. En esta posición, significa un *obstáculo* para lo que se está consultando. La última runa se coloca por encima de la runa *del centro/presente*, en la posición de *ayuda*.

La tirada del Martillo de Thor es una tirada de nueve runas. Las nueve posiciones de esta tirada revelan verdades personales. La primera runa se coloca en la base de la configuración y representa la cara que muestras al mundo. La segunda runa se coloca una fila por encima y a la izquierda. Ésta revela tus miedos interiores. La runa tres, colocada en la segunda fila y a la derecha del centro es lo que estás buscando. La cuarta runa está colocada otra fila más arriba que las runas dos y tres, pero está directamente alineada con la primera runa. Proporcionará la guía para abordar esta lectura. La quinta runa está situada directamente encima de la cuarta runa. Proporciona una visión de lo que esperas llegar a ser. Las posiciones de las runas cinco a nueve crean un patrón cruzado, con las posiciones siete y nueve alineadas con las runas uno, cuatro y cinco.

La sexta runa, una fila por encima y a la izquierda del centro, trata de las fuerzas que obstaculizan tu progreso. La runa siete se coloca en la posición central de la misma fila, y se refiere a tu destino. La octava runa se sitúa a la derecha de la séptima y se refiere a lo que necesitas aprender para encontrar tu verdadero yo. La novena y última runa se coloca arriba y en el centro. Es tu verdadero yo. Como puedes ver por los significados de las nueve posiciones, esta tirada profundiza en el yo y la psique.

Las tiradas también pueden seguir las utilizadas para las lecturas tradicionales de las cartas del Tarot. Sus interpretaciones de las runas para diferentes tiradas serán más complejas dependiendo de la complejidad de la disposición.

El lanzamiento de las runas deja la lectura abierta a una interpretación mucho más personal. A diferencia de una tirada guiada, en la que cada posición tiene un significado, la caída libre de las runas está abierta a lo que te diga tu intuición. Tu interpretación puede indicarte que las runas que caen boca abajo no desean ser incluidas en la lectura.

Presta atención a las runas que caen en posición merkstave, y a las que no están del todo merkstave o no están del todo erguidas. Observa qué runas se tocan o se agrupan. No hay un orden de lectura de las runas, así que tendrás que determinarlo tú mismo.

Cuando se realizan lecturas para otras personas, las runas necesitan sintonizar con sus energías. Asegúrate de limpiar tus runas regularmente entre lecturas si es posible. No querrás que una persona deje un residuo de energía abrumador que pueda influir en todas las lecturas posteriores. La energía dominante de tu juego de runas debe venir de ti. A medida que te sientas más cómodo utilizando las runas y manejando tus conjuntos de runas personales, serás capaz de sentir cuando tus runas tienen una mancha o residuo de otra fuente de energía.

PALABRAS FINALES

Gracias por haber llegado hasta el final de este libro. Espero que hayas disfrutado aprendiendo lo básico sobre las runas, su larga historia y cómo se pueden utilizar para una variedad de propósitos.

Si quieres saber más y adentrarte en el mundo de las runas y la mitología nórdica, en Internet encontrarás traducciones de la *Edda Poética* y de los antiguos poemas rúnicos. Hay que tener en cuenta que las versiones disponibles en línea son traducciones de traducciones, y que lo más probable es que los escritos originales fueran realizados por monjes. Así, mientras que el poema original -la versión precristiana de tradición oral- no contendría las referencias cristianas, las traducciones sí podrían tenerlas.

Cuando aprendas y trabajes con cualquier tradición religiosa/mágica, recuerda hacerlo de forma respetuosa. Las runas pertenecen a los Dioses del Viejo Mundo, cuyas prácticas y tradiciones han cambiado a lo largo de los siglos, así que ten en cuenta lo que sabemos sobre sus intenciones y contexto originales. A medida que continúes aprendiendo más sobre las runas, adquirirás tu propia sabiduría sobre sus significados.

www.ingramcontent.com/pod-product-compliance
Lightning Source LLC
Chambersburg PA
CBHW070932120626
46546CB00004B/1396